Süßes im Glas

Stefanie Knorr

Süßes im Glas

Raffinierte Ideen für Kuchen und Desserts

Mit Fotografien von Martin Schröder

Jan Thorbecke Verlag

Für die Schwabenverlag AG ist Nachhaltigkeit ein wichtiger Maßstab ihres Handelns. Wir achten daher auf den Einsatz umweltschonender Ressourcen und Materialien. Dieses Buch wurde auf FSC®-zertifiziertem Papier gedruckt. FSC (Forest Stewardship Council®) ist eine nicht staatliche, gemeinnützige Organisation, die sich für eine ökologische und sozial verantwortliche Nutzung der Wälder unserer Erde einsetzt.

2. Auflage 2012
Alle Rechte vorbehalten
© 2011 Jan Thorbecke Verlag der Schwabenverlag AG, Ostfildern
www.thorbecke.de

Gestaltung: Finken & Bumiller, Stuttgart
Druck: Süddeutsche Verlagsgesellschaft, Ulm
Hergestellt in Deutschland
ISBN 978-3-7995-0859-9

Inhalt

Die Grundlagen – Hinweise zum Einsatz des Buches {6}
Zu Tisch – Veränderungen von Essensgewohnheiten und Tischkultur {8}
Die Kaffeetafel – Ein ansprechend gedeckter Kaffeetisch {10}

Desserts

Apfeltraum mit karamellisierten Mandeln {14}
Aprikosen-Ingwer-Creme {16}
Brombeer-Trifle mit Sherrycreme {18}
Creme Ariane {22}
Erdbeer-Kefir-Smoothie {24}
Espresso-Panna-Cotta {26}
Fruchtsalat mit Papaya {28}
Geschichtetes Granatapfeldessert {32}
Gratinierte Bananen {34}
Mandelcreme mit Fruchtsoße {26}
Mangoquark mit Pistazien {38}
Rote Grütze mit halbgeschlagener Sahne {40}
Schokoladenmousse {42}
Zitronencreme {44}
Zwetschgentraum {48}

Kuchen

Ananas-Kokos-Kuchen {52}
Apfelnester {54}
Basler Kirschauflauf {58}
Cupcakes mit Cassis und Baiser {60}
Espressotörtchen {62}
Gewürzkuchen mit heißem Ingwer-Kirschsud und Sahne {64}
Klassischer Käsekuchen {66}
Marzipanschnecken {68}
Miniatur-Zwetschgenaufläufe {70}
Mohnkuchen {74}
Portugiesische Törtchen mit Vanillecreme {76}
Sandkuchen {78}
Schneller Butterkuchen {80}
Schwarzwälder Biskuittörtchen {82}
Walnusskuchen {84}

Register {87}
Dank {88}
Zur Autorin {88}

Die Grundlagen
Hinweise zum Einsatz des Buches

APRIKOTIEREN: Als Aprikotieren bezeichnet man das Bestreichen von noch warmen Kuchen- oder Gebäckstücken mit erwärmter, passierter Aprikosenmarmelade. Dieser Vorgang lässt das Gebäck glänzen und erhält die Frische.

BISKUITMASSE: Da es mehrere Methoden zur Herstellung einer Biskuitmasse gibt, ist es erforderlich, sich am jeweiligen Rezept zu orientieren. Der Rand der Backform darf nicht gefettet werden, da die Biskuitmasse sonst beim Backvorgang wieder nach unten rutscht. Hierdurch entsteht eine gewölbte Oberfläche.

GARPROBE: Kurz vor Ende der Backzeit mit einem Holzstäbchen in das Gebäck stechen. Das Gebäck ist gar, wenn keine feuchten Teigspuren daran haften bleiben.

PORZELLAN UND GLAS: Eine Vielzahl von Porzellan und Glas ist hitzebeständig. Tassen und Gläser können daher als Backformen eingesetzt werden. Glas mit dickem Boden ist zum Backen aber ungeeignet, weil aufgrund der unterschiedlichen Wärmeleitfähigkeit Sprunggefahr besteht. Grundsätzlich sollte beim Backen eine Tassengröße von etwa 6 cm Höhe eingesetzt werden. Henkelbecher eignen sich nicht zum Backen, da sie meist zu hoch sind.

GEBÄCK- UND DESSERTANZAHL: Die Gebäck- und Dessertanzahl ist dem jeweiligen Rezept zu entnehmen. Die Anzahl der Desserts sowie des Gebäcks kann aufgrund der Tassen- und Gläsergröße variieren.

FILOTEIG: Der Filoteig ist ein hauchdünner, griechischer Teig, der wie fertiger Strudelteig verwendet werden kann. Er ist in jedem gut sortierten Lebensmittelgeschäft erhältlich.

GELATINEVERARBEITUNG: Die Gelatineblätter etwa 3 Minuten in kaltem Wasser einweichen. Zusätzlich 3 Esslöffel Flüssigkeit zum Kochen bringen und anschließend vom Herd nehmen. Nun die Gelatine zwischen den Handflächen ausdrücken, in die warme, nicht mehr kochende Flüssigkeit geben und darin auflösen. Zum Temperaturausgleich etwa 5 Esslöffel der kalten Masse unter die aufgelöste Gelatine rühren. Die gemischte Gelatine in die restliche kalte Masse rühren und diese dann kühl stellen. Je nach Rezept die Sahne unter die leicht gelierte Masse heben. Das Dessert portionieren und nochmals kühl stellen.

LEBENSMITTEL: In der Umsetzung der angegebenen Rezepte verwende ich überwiegend naturbelassene Lebensmittel.

MEHL: Bei den Rezepten wird durchgehend der Mehltyp 405 verwendet.

QUARK-ÖL-TEIG: Bei den angegebenen Rezepten wird die All-in-Methode durchgeführt, d.h. alle Zutaten werden in einem Arbeitsgang mit dem Knethaken zu einem bindigen Teig geknetet. Dazu werden zuerst alle trockenen und danach die feuchten Zutaten in eine Rührschüssel gegeben. Das Backpulver muss mit dem Mehl vermischt werden. Das Öl ist nicht durch eine andere Fettart austauschbar. Der Teig muss sofort weiterverarbeitet werden.

RÜHRMASSE: Bei den angegebenen Rezepten wird die All-in-Methode durchgeführt. Alle Zutaten werden in einem Arbeitsgang mit dem Schneebesen schaumig geschlagen. Dazu zuerst alle trockenen und danach die feuchten Zutaten in eine Rührschüssel geben. Das Backpulver muss mit dem Mehl vermischt werden. Die Butter sollte bei der Herstellung sehr pomadig, beinahe flüssig sein, um eine cremige Masse zu erhalten. Die Masse muss sofort weiterverarbeitet werden.

ABKÜRZUNGEN

Bl	Blatt
EL	Esslöffel
g	Gramm
ml	Milliliter
Msp	Messerspitze
P	Päckchen
Pr	Prise
TL	Teelöffel

Zu Tisch

Veränderungen von Essensgewohnheiten
und Tischkultur

Die soziale und kommunikative Bedeutung der gemeinsamen Mahlzeiten wurde schon in den großen bäuerlichen Hausverbänden des 17. und 18. Jahrhunderts deutlich. Das gemeinsame Essen bedeutete weit mehr als nur das Stillen von Hunger und Durst; Erziehung und Bildung wurden hauptsächlich am Esstisch vermittelt. Der häusliche Tisch war also stets ein Ort zur Weitergabe von Wissen zwischen den Generationen. Die gemeinsamen Mahlzeiten führten alle Familienmitglieder zusammen, um sich auszutauschen und um Aufgaben zu verteilen.

Vom 19. zum 20. Jahrhundert gab es in vielen Bereichen der menschlichen Kultur beschleunigte Entwicklungen im Verhältnis zu früheren Jahrhunderten. Auch die Ernährungsgewohnheiten wurden in knapp 100 Jahren durch neue Lebensmitteltechnologien revolutioniert. Die Nahrungsmittel konnten erstmals in Massen verarbeitet und verteilt werden, und auch die Lagerhaltung verbesserte sich. Die Eigenerzeugung von Lebensmitteln in Haus, Hof und Garten wurde abgelöst von der beinahe ständigen Verfügbarkeit der Produkte in der arbeitsteiligen Konsumgesellschaft.

Mit der Produktion veränderten sich die Bedeutung der Lebensmittel und der soziale Stellenwert der gemeinschaftlichen Tischkultur. Immer weniger Zeit nahm und nimmt man sich zum Essen, und nur noch selten fanden und finden die Mahlzeiten gemeinsam mit der Familie statt. Dabei sollte man sich bewusst machen, wie sehr die sozialen und kommunikativen Strukturen in der Familie darunter leiden. Untersuchungen zufolge gibt es eine Verbindung zwischen dem Verlust der gemeinsamen Mahlzeiten, also der Pflege der Tischkultur, und des familiären Zusammenhalts sowie der zunehmenden Orientierungslosigkeit.

Zeit also, sich wieder des Wertes von gemeinsamen Mahlzeiten zu erinnern und beim geselligen Miteinander Alltag und Hektik hinter sich zu lassen. Damit auch die Vorbereitung bereits entspannt beginnt, legt dieses Buch großen Wert auf Einfachheit. Denn je einfacher ein Rezept ist, je weniger Zutaten verwendet werden, desto größer ist die Bereitschaft, das Rezept auszuprobieren.

Die Kaffeekultur als Teil der Tischkultur ist ein guter Einstieg, auf kleiner Ebene Menschen – seien es Familie oder auch Freunde – nachmittags zu Hause an einen Tisch zu bringen und bei anregenden Gesprächen und selbst gemachtem, aromatisch gutem Gebäck und Dessert eine kleine Oase der Ruhe zu schaffen.

Die Kaffeetafel
Ein ansprechend gedeckter Kaffeetisch

Eine stilvolle Kaffeeeinladung beginnt damit, den Tisch richtig einzudecken. Dabei ist es wichtig, einheitliches und nicht angeschlagenes Geschirr mit einheitlichem Besteck zu verwenden. Farblich abgestimmte Servietten runden das Arrangement ab. Die Tischdekoration sollte dem jeweiligen Anlass angepasst werden. Hierbei können ein einzelner blühender Zweig oder eine Kerze schöne Akzente setzen. Der abgebildete Tisch ist bewusst nüchtern eingedeckt, damit man die Geschirr- und Besteckteile eines Kaffeegedecks gut erkennen kann: Kuchenteller, Kaffeeuntertasse, Kaffeetasse, Kuchengabel und Kaffeelöffel. Die Kuchenteller sollten etwa eine Fingerbreite von der Tischkante entfernt eingedeckt werden. Die Kaffeetasse und die Untertasse stehen oben rechts neben dem Kuchenteller, mit etwa einem Zentimeter Abstand. Der Kaffeetassenhenkel wird wie die Besteckteile parallel zur Tischkante ausgerichtet. Zum Schluss wird die Serviette auf oder links neben den Teller gelegt.

Auf eine Tischdecke können Sie sogar gut verzichten, wenn Sie über einen gepflegten Holztisch verfügen oder Tischsets einsetzen möchten. Allerdings unterstreicht eine saubere Tischdecke einen gepflegt wirkenden Tisch. Am besten stimmen Sie die Tischdecke farblich mit dem Geschirr ab. Dabei empfiehlt es sich nicht unbedingt, zu einer gemusterten Tischdecke und gemusterten Servietten zusätzlich gemustertes Geschirr einzudecken. Einfarbige Tischwäsche bringt zum gemusterten Geschirr optische Ruhe auf die Kaffeetafel. Umgekehrt gilt selbstverständlich dasselbe. Richtig liegt die Tischdecke, wenn die Bügellinien parallel zur Tischkante verlaufen und die Tischdecke zwanzig bis dreißig Zentimeter über jede Tischkante hängt.

Nun aber genug der Formalitäten: Ich wünsche Ihnen viel Freude bei der praktischen Umsetzung und bei der Weitergabe von Wissen, wie es früher schon getan wurde.

Desserts

Apfeltraum mit karamellisierten Mandeln

Aprikosen-Ingwer-Creme

Brombeer-Trifle mit Sherrycreme

Creme Ariane

Erdbeer-Kefir-Smoothie

Espresso-Panna-Cotta

Fruchtsalat mit Papaya

Geschichtetes Granatapfeldessert

Gratinierte Bananen

Mandelcreme mit Fruchtsoße

Mangoquark mit Pistazien

Rote Grütze mit halbgeschlagener Sahne

Schokoladenmousse

Zitronencreme

Zwetschgentraum

Apfeltraum mit karamellisierten Mandeln

200 ml Sahne
1 Zitrone
½ TL Zimt
400 g Apfelmus

30 g blanchierte Mandeln
2 EL Weizenkleie
2 TL Honig

[1] Sahne steif schlagen und kühl stellen.
[2] Die Zitrone auspressen, mit Zimt und Apfelmus verrühren.
[3] Die Sahne unter das Apfelmus heben und das Dessert in 4–6 Gläser portionieren.
[4] Mandeln hacken und mit der Weizenkleie in einer Pfanne anrösten. Den Honig unterrühren und leicht karamellisieren lassen.
[5] Karamellisierte Masse abkühlen lassen und auf den Desserts verteilen.

Aprikosen-Ingwer-Creme

3 Bl weiße Gelatine
300 g Aprikosen aus der Dose
50 g Zucker
2 P Vanillezucker

1 TL Ingwerpulver
100 ml Sauerrahm
100 ml Crème fraîche
Gehackte Pistazien zur Verzierung

[1] Die Gelatine in kaltem Wasser einweichen.
[2] Aprikosen durch ein Sieb gießen, dabei 3 EL des Aprikosensaftes auffangen. Früchte pürieren, Zucker, Vanillezucker und Ingwerpulver zugeben, Sauerrahm und Crème fraîche unterrühren.
[3] Aprikosensaft aufkochen lassen, vom Herd nehmen und die ausgedrückte Gelatine darin auflösen.
[4] Etwas von der Creme mit der Gelatineflüssigkeit verrühren, dann diese unter die Creme rühren.
[5] Das Dessert in 6–8 Gläser portionieren und kalt stellen. Zum Servieren mit gehackten Pistazien verzieren.

VARIANTE *Würfeln Sie zusätzliche Aprikosen und verteilen Sie die Würfel vor dem Einfüllen der Creme auf die Gläser.*

Brombeer-Trifle mit Sherrycreme

400 ml Milch	Mark von 2 Vanilleschoten
400 ml Sahne	5 EL Sherry
1 Ei	200 g Biskuitboden (Fertigprodukt)
30 g Stärke	5 EL Brombeerkonfitüre
30 g Zucker	5 EL Sherry
1 P Vanillezucker	400 g Brombeeren

[1] Milch, die Hälfte der Sahne, Ei, Stärke, Zucker, Vanillezucker und Vanillemark unter ständigem Rühren mit einem Schneebesen aufkochen, vom Herd nehmen und den Sherry unter die Creme rühren. Creme erkalten lassen. Die restliche Sahne steif schlagen und unter die Creme heben.

[2] Biskuitboden längs halbieren, mit der Brombeerkonfitüre bestreichen und wieder zusammensetzen.

[3] Biskuitboden mit Sherry beträufeln, in etwa 2 × 2 cm große Würfel schneiden.

[4] Jeweils 4 Würfel auf 10–12 Dessertgläser verteilen, dann die Brombeeren in die Gläser füllen. Dabei einige für die Verzierung zurückbehalten.

[5] Erkaltete Sherrycreme über die Brombeeren geben und mit den restlichen Brombeeren verzieren.

Creme Ariane

250 ml Milch
1 Ei
15 g Stärke
15 g Zucker
Mark von 1 Vanilleschote

250 ml Naturjoghurt
1 Zitrone
½ Dose Pfirsiche
100 ml Sahne

[1] Milch, Ei, Stärke, Zucker und Vanillemark unter ständigem Rühren mit einem Schneebesen aufkochen, Joghurt und Zitronensaft unterrühren.
[2] Creme in 4–6 Gläser portionieren.
[3] Pfirsiche pürieren und auf der Creme verteilen.
[4] Sahne steif schlagen und das Dessert jeweils mit einem Sahnetuff verzieren.

Erdbeer-Kefir-Smoothie

2 Bananen
750 g Erdbeeren
Saft von 1 Zitrone
750 ml Kefir
3 EL Honig

[1] Bananen und Erdbeeren pürieren, Zitronensaft zugeben. Kefir dazugießen und mit Honig süßen.
[2] Smoothie in 6–8 Gläser füllen.
[3] Nach Lust und Laune verzieren, beispielsweise mit Erdbeerscheiben oder Bananenchips.

VARIANTE *Geben Sie nach dem Pürieren einige Kokosflocken hinzu.*

Espresso-Panna-Cotta

3 Bl weiße Gelatine
600 ml Sahne
25 g zerstoßene Espressobohnen
oder Espressopulver

70 g Zucker
Mark von 1 Vanilleschote

[1] Die Gelatine in kaltem Wasser einweichen.
[2] Die Sahne mit den zerstoßenen Espressobohnen aufkochen, dann durch ein Haarsieb passieren und den Zucker darin auflösen. Vanillemark zugeben.
[3] Die Gelatine ausdrücken und in der noch warmen Sahne auflösen.
[4] Das Dessert in 4–6 Gefäße portionieren und am besten über Nacht kalt stellen.
[5] Mit pürierten Früchten Ihrer Wahl übergießen oder mit Amarettini dekorieren und servieren.

TIPP *Wenn bei der Herstellung 4 Blätter Gelatine verwendet werden, kann die Espresso-Panna-Cotta gestürzt werden. Dazu die Formen mit kaltem Wasser ausspülen und die Masse einfüllen. Zum Stürzen die Gefäße kurz in warmes Wasser tauchen, Dessertteller auflegen, festhalten und drehen.*
Die Espresso-Panna-Cotta kann auch auf einem Fruchtspiegel serviert werden. Hierzu die Früchte Ihrer Wahl pürieren, auf dem Teller verteilen und das Dessert darauf stürzen.

Fruchtsalat mit Papaya

1 Papaya
1 Mango
1 Pfirsich
1 Banane

Saft von 1 Limette
1 P Vanillezucker
2 Msp Nelkenpulver
100 ml Sahne

[1] Obst waschen, putzen und in kleine Stücke schneiden. Mit Limettensaft, Vanillezucker und Nelkenpulver vermengen, in 4–6 Gläser portionieren und kühl stellen.
[2] Sahne schlagen und den portionierten Fruchtsalat damit verzieren.

VARIANTE *Als zusätzliche Verzierung kann man gehackte Pistazien über den Fruchtsalat streuen.*
Klassisch, aber immer lecker: Fruchtsalat mit einer Kugel Vanilleeis servieren.

Geschichtetes Granatapfeldessert

2 Granatäpfel
2 Mangos
150 g schwarze Johannisbeeren

400 ml Sahnejoghurt
4 EL Honig

[1] Granatäpfel vierteln und vorsichtig von der Membran lösen, die Kerne durch ein Haarsieb streichen und den Saft auffangen.
[2] Mangos schälen, entkernen und pürieren.
[3] Granatapfelsaft, Mangopüree und Johannisbeeren verrühren, dabei einige Johannisbeeren für die Verzierung zurückbehalten.
[4] Sahnejoghurt und Honig miteinander verrühren.
[5] Fruchtmischung und Sahnejoghurt abwechselnd in 4–6 Gläser schichten, dabei mit Sahnejoghurt enden. Mit einigen Johannisbeeren verzieren und kalt stellen.

Gratinierte Bananen

5 Kochbananen
Saft von 1 Zitrone
50 g gemahlene Walnüsse
2 Eier
1 P Vanillezucker

½ TL abgeriebene Zitronenschale
Mark von 1 Vanilleschote
4 EL Orangenlikör
2 Eiweiß
Etwas Butter für die Formen

[1] Bananen in Scheiben schneiden, mit Zitronensaft und Walnüssen vorsichtig vermengen, abdecken und kühl stellen.
[2] Eier trennen, Vanillezucker mit Eigelben, Zitronenschale, Vanillemark und Orangenlikör cremig schlagen. Eiweiße steif schlagen und unter die Eigelbmasse heben.
[3] Die Baisermasse vorsichtig unter die Bananen heben. Die Masse zügig in 4–6 mit Butter eingefettete feuerfeste Formen füllen und bei ca. 200 °C im vorgeheizten Backofen etwa 15 Minuten gratinieren.

TIPP *Die gratinierten Bananen können sehr gut mit einer Kugel Vanilleeis und Sahne serviert werden. Wer die leichtere Variante möchte, kann Joghurt mit Preiselbeermarmelade dazu reichen.*

Mandelcreme mit Fruchtsoße

300 ml Milch	30 g Zucker
400 ml Sahne	50 g Mandeln
1 Ei	200 g Himbeeren
30 g Stärke	2 EL Honig

[1] Milch, die Hälfte der Sahne, Ei, Stärke, Zucker und Mandeln unter ständigem Rühren mit einem Schneebesen aufkochen, dann vom Herd nehmen. Creme erkalten lassen.
[2] Restliche Sahne steif schlagen, ⅔ davon unter die Creme heben.
[3] Himbeeren pürieren und mit Honig abschmecken.
[4] Creme in 4–6 Gefäße portionieren, pürierte Himbeeren darauf verteilen und kalt stellen. Zum Servieren mit dem Rest der Sahne verzieren.

VARIANTE *Die Himbeeren können natürlich durch andere Früchte ersetzt werden. Filetierte Orangen passen hervorragend zur Mandelcreme, wenn Sie nach dem Kochen 5 EL Orangenlikör unter die Creme rühren.*

Mangoquark mit Pistazien

1 Mango
1 Orange
1 Limette
Mark von 1 Vanilleschote
150 ml Sahne

250 g Quark
100 g Frischkäse
4 EL Honig
40 g Pistazienkerne

[1] Mango schälen und Fruchtfleisch würfeln. Orange auspressen, Limettenschale abreiben, Limette auspressen und alles miteinander vermischen. Vanillemark unterrühren.

[2] Sahne steif schlagen. Quark, Frischkäse und Honig verrühren, dann die steife Sahne unterheben.

[3] Fruchtmischung, Quarkcreme und Pistazienkerne abwechselnd in 4–6 Gläser schichten, mit Pistazien enden. Wer mag, kann die ausgekratzte Vanilleschote längs halbieren und das Dessert damit verzieren.

Rote Grütze mit halbgeschlagener Sahne

250 ml schwarzer Johannisbeersaft
1 EL Speisestärke
1 EL Zucker
1 P Vanillezucker
300 g Waldbeeren
200 ml Sahne

[1] Fruchtsaft, Speisestärke, Zucker und Vanillezucker unter Rühren aufkochen. Waldbeeren hinzufügen.
[2] Rote Grütze in 4–6 Gläser portionieren.
[3] Sahne halbsteif schlagen und auf der Roten Grütze verteilen.

VARIANTE *Um das traditionelle Rezept einmal anders schmecken zu lassen, kann die Rote Grütze sehr gut mit einer Kugel Zitroneneis serviert werden. Gemahlener Anis oder Zimt verleihen dem Dessert eine besondere Note, wenn Sie 2 Msp davon unter die Sahne geben.*

Schokoladenmousse

150 g Zartbitterschokolade 4 EL Orangenlikör
300 ml Sahne

[1] Schokolade hacken, dann mit der Sahne in einem Topf erhitzen, bis die Schokolade geschmolzen ist. Darauf achten, dass die Masse nicht zu kochen beginnt. Orangenlikör zugeben.
[2] Mindestens 4 Stunden kühl stellen.
[3] Danach die Masse langsam schaumig schlagen und in 4–6 Dessertgläser füllen.
[4] Schokoladenmousse wahlweise mit filetierten Orangen oder Himbeeren verzieren.

KLASSISCHE VARIANTE *200 g Zartbitterkuvertüre hacken und im Wasserbad – das Wasser darf dabei nicht kochen – schmelzen. Die flüssige Kuvertüre auf ein Backpapier gießen und mit einem langen Messer oder einer Palette dünn aufstreichen. Im Kühlschrank erkalten lassen und anschließend in Stücke brechen.*

Zitronencreme

2 Bl weiße Gelatine
2 Eier
40 g Zucker
50 ml frisch gepresster Zitronensaft
Schale von 1 Zitrone
3 EL Wasser

2 Eiweiß
1 Pr Salz
100 ml Sahne
1 unbehandelte Zitrone für die Verzierung
Zucker zum Wälzen

[1] Gelatine in kaltem Wasser einweichen.
[2] Eier trennen, Eigelbe und Zucker schaumig schlagen. Zitronensaft und die abgeriebene Zitronenschale dazugeben.
[3] Das Wasser aufkochen, vom Herd nehmen und die ausgedrückte Gelatine darin auflösen.
[4] Die Gelatine zunächst mit etwas von der Creme verrühren, dann nach und nach unter die Creme ziehen. Gut verrühren.
[5] Eiweiße mit Salz steif schlagen, Sahne ebenfalls steif schlagen. Beides nacheinander unter die Creme heben.
[6] Die Creme in 4–6 Gefäße portionieren und mindestens 2 Stunden im Kühlschrank fest werden lassen.
[7] Zum Servieren mit gezuckerten Zitronenscheiben dekorieren. Hierzu eine unbehandelte Zitrone waschen, trocken reiben, in Scheiben schneiden, diese halbieren und in 2–3 EL Zucker wenden.

Zwetschgentraum

500 g Zwetschgen
125 ml Wasser
2 P Vanillezucker
Saft von 1 Zitrone

1 Msp gemahlener Zimt
1 Msp gemahlene Nelken
Vanilleeis

[1] Zwetschgen waschen, entsteinen und halbieren.
[2] Wasser mit Vanillezucker, Zitronensaft, Zimt und Nelken aufkochen. Zwetschgen dazugeben und etwa 5 Minuten dünsten.
[3] Kurz vor dem Servieren in 4–6 Gläser portionieren; jeweils eine Vanilleeiskugel in die Mitte des noch warmen Kompotts setzen.

VARIANTE *Das Wasser kann durch einen trockenen Rotwein ersetzt werden.*

Kuchen

Ananas-Kokos-Kuchen

Apfelnester

Basler Kirschauflauf

Cupcakes mit Cassis und Baiser

Espressotörtchen

Gewürzkuchen mit heißem Ingwer-Kirschsud und Sahne

Klassischer Käsekuchen

Marzipanschnecken

Miniatur-Zwetschgenaufläufe

Mohnkuchen

Portugiesische Törtchen mit Vanillecreme

Sandkuchen

Schneller Butterkuchen

Schwarzwälder Biskuittörtchen

Walnusskuchen

Ananas-Kokos-Kuchen

4 Scheiben Ananas
200 g Butter
150 g Zucker
4 Eier
1 P Vanillezucker

150 g Kokosflocken
300 g Mehl
1 P Backpulver
Etwas Butter für die Formen

[1] Ananasscheiben in kleine Stücke schneiden.
[2] Aus Butter, Zucker, Eiern, Vanillezucker, Kokosflocken, Mehl und Backpulver eine Rührmasse herstellen. Ananasstücke unterheben.
[3] 10–12 feuerfeste, gefettete Gläser oder Tassen zügig mit der Rührmasse knapp zu ¾ füllen und bei 180 °C etwa 25–30 Minuten backen.
[4] Erkaltetes Gebäck mit Kokosflocken oder Ananasstücken verzieren.

Apfelnester

Saft von 1 Zitrone
½ TL Zimt
25 g Zucker
25 g Rosinen
300 g Äpfel
100 g Quark
60 ml Sonnenblumenöl

40 ml Milch
200 g Mehl
½ P Backpulver
1 EL Zucker
Etwas Butter für die Formen
Etwas Puderzucker zum Bestäuben

[1] Zitronensaft mit Zimt, Zucker und Rosinen vermischen. Äpfel waschen, schälen, vierteln, entkernen, in kleine Stücke schneiden und mit der Zitronen-Zimtmasse vermengen.
[2] Aus Quark, Öl, Milch, Mehl, Backpulver und Zucker einen Quark-Öl-Teig rühren.
[3] Teig sehr dünn ausrollen, Kreise ausstechen, in 8–10 dünn gefettete, feuerfeste Formen legen und die Apfel-Zimtmischung darauf verteilen.
[4] Bei 180 °C etwa 10–15 Minuten backen. Zum Schluss das Gebäck mit Puderzucker bestäuben.

VARIANTE *Streuen Sie geraspeltes Marzipan auf den Teig, bevor Sie die Apfelmasse einfüllen.*
Reichen Sie Vanillesoße zu dem noch warmen Gebäck.

Basler Kirschauflauf

120 g Butter
100 g Zucker
4 Eier
½ TL Zimt
100 ml Kirschwasser oder -saft
½ TL Kakao
70 g Grieß

70 g gemahlene Haselnüsse
70 g Semmelbrösel
350 g Kirschen aus dem Glas
Saft von 1 Zitrone
Etwas Butter für die Formen
Etwas Puderzucker zum Bestäuben

[1] Butter und Zucker schaumig rühren. Eier trennen und die Eigelbe unter die Butter-Zucker-Masse rühren.
[2] Kirschwasser unter die Masse rühren, dann Kakao, Grieß, Haselnüsse und Semmelbrösel zufügen. Kirschen durch ein Sieb gießen und zusammen mit dem Zitronensaft unter die Masse heben. Eiweiß steif schlagen und vorsichtig unterheben.
[3] Die Masse zügig in 10–12 dünn gefettete, feuerfeste Formen füllen und bei 190 °C etwa 20–25 Minuten backen.
[4] Nach dem Backen die Aufläufe mit Puderzucker bestäuben und noch warm servieren.

Cupcakes mit Cassis und Baiser

250 g Butter
200 g Zucker
5 Eier
½ TL abgeriebene Zitronenschale
200 g Mehl
100 g Haferflocken

1 P Backpulver
250 g schwarze Johannisbeeren
Etwas Butter für die Formen
4 Eiweiß
120 g Zucker
80 g Puderzucker

[1] Butter, Zucker, Eier, Zitronenschale, Mehl, Haferflocken und Backpulver verrühren, dann die Johannisbeeren unterheben.
[2] 10–12 feuerfeste, gefettete Formen zügig etwas mehr als zur Hälfte füllen und bei 180 °C etwa 20–25 Minuten backen.
[3] Eiweiß steif schlagen, dabei nach und nach den Zucker einrieseln lassen. Zum Schluss den gesiebten Puderzucker unterschlagen.
[4] Die Eiweißmasse in einen Spritzbeutel mit Sterntülle füllen und auf die Kuchen spritzen (oder mit einem Esslöffel aufstreichen). Nochmals bei höchster Temperaturstufe 4–6 Minuten backen. Das Baiser ist fertig, wenn die Baiserspitzen goldbraun sind.

Espressotörtchen

1½ TL Instantkaffeepulver
1 EL heißes Wasser
100 g Butter
150 g Rohrohrzucker
3 Eier
170 g Mehl
30 g gemahlene Haselnüsse
1 P Backpulver
Etwas Butter für die Formen
150 g Zartbitterkuvertüre
125 ml Sahne

[1] Kaffeepulver im heißen Wasser auflösen. Aus Butter, Zucker, Eiern, Mehl, Haselnüssen, Backpulver und aufgelöstem Kaffeepulver eine Rührmasse herstellen.
[2] 10–12 feuerfeste, eingefettete Gläser oder Tassen zügig mit der Rührmasse knapp zu ¾ füllen und bei 180 °C etwa 20–25 Minuten backen.
[3] Kuvertüre im Wasserbad schmelzen, Sahne unterrühren und erkaltetes Gebäck damit überziehen.

VARIANTE *Leckere Haselnusstörtchen erhalten Sie, indem Sie das Kaffeepulver weglassen.*

Gewürzkuchen mit heißem Ingwer-Kirschsud und Sahne

90 g Butter	190 g Mehl
120 g Zucker	30 g Kakao
3 Eier	60 ml Milch
1 Pr Salz	½ P Backpulver
½ TL Zimt	Etwas Butter für die Formen
½ TL Nelken	1 Glas Sauerkirschen, 350 g
1 Pr Pfeffer	Abtropfgewicht
1 Pr Muskat	2 P Vanillezucker
½ TL abgeriebene Zitronenschale	½–1 TL geriebener frischer Ingwer
1 EL Rum	250 ml Sahne
50 g gemahlene Haselnüsse	

[1] Aus Butter, Zucker, Eiern, Salz, Zimt, Nelken, Pfeffer, Muskat, Zitronenschale, Rum, Haselnüssen, Mehl, Kakao, Milch und Backpulver eine Rührmasse herstellen.
[2] 10–12 feuerfeste, eingefettete Formen zügig mit der Rührmasse knapp zu ¾ füllen und bei 180 °C 20–25 Minuten backen.
[3] Sauerkirschen mit Vanillezucker und Ingwer einmal aufkochen, Sahne steif schlagen.
[4] Über die abgekühlten Gewürzkuchen den Ingwer-Kirschsud geben und mit Sahne verzieren.

Klassischer Käsekuchen

2 Eier
100 g Zucker
150 g Quark
100 g Sauerrahm

Saft von 1 Zitrone
2 EL Speisestärke
Etwas Butter für die Formen

[1] Eier trennen, Eigelbe und Zucker schaumig rühren. Quark, Sauerrahm, Zitronensaft und Speisestärke unterrühren. Eiweiße steif schlagen und unterheben.

[2] 6–8 feuerfeste Formen dünn mit Butter einfetten, mit der Masse knapp zur Hälfte füllen und glatt streichen. Bei 180 °C etwa 20–25 Minuten backen, Käsekuchen im abgeschalteten, geöffneten Ofen 5 Minuten stehen lassen.

VARIANTE *In Scheiben geschnittene und auf dem Kuchen verteilte frische Aprikosen verleihen diesem eine fruchtige Note.*
Geröstete Mandeln sind eine zusätzliche Geschmacksvariante.

Marzipanschnecken

25 g gemahlene Mandeln
100 g Marzipanrohmasse
25 g flüssige Butter
2 EL Orangenlikör
100 g Quark
60 ml Sonnenblumenöl

40 ml Milch
200 g Mehl
½ P Backpulver
1 EL Zucker
Etwas Butter für die Formen

[1] Mandeln ohne Fett in einer Pfanne leicht anrösten; Marzipanrohmasse, Butter, Mandeln und Orangenlikör zu einer Masse verkneten.
[2] Aus Quark, Öl, Milch, Mehl, Backpulver und Zucker einen Quark-Öl-Teig herstellen.
[3] Teig ausrollen und die Marzipanmasse darauf verteilen, dann zusammen aufrollen. In etwa 2 cm breite Scheiben schneiden und flach in 10–12 dünn mit Butter eingefettete, feuerfeste Formen legen. Dabei das äußere Ende des Teigs unter die Teigschnecke legen, damit es während des Backens nicht absteht.
[4] Bei 180 °C etwa 10–15 Minuten backen.

VARIANTE *Sie können der Marzipanmasse auch 100 g Rosinen zugeben.*

TIPP *Für kleine Schnecken den Teig von der breiten Seite aufrollen, für große von der schmalen Seite.*
Außerdem lässt sich der Quark-Öl-Teig gut auf Vorrat backen. Nach dem Auftauen kann er bei 200 °C 5–10 Minuten aufgebacken werden.
Das Rezept kann gut verdoppelt werden.

Miniatur-Zwetschgenaufläufe

250 g Zwetschgen, frisch oder aus dem Glas
3 Eier
2 EL Zucker
Mark von 2 Vanilleschoten
1 Orange

125 g Quark
100 ml Sahne
50 g Mehl
8 Löffelbiskuits
Etwas Butter für die Formen

[1] Frische Zwetschgen waschen und entsteinen, Zwetschgen aus dem Glas durch ein Sieb gießen und abtropfen lassen.
[2] Eier trennen und die Eigelbe mit Zucker und dem Vanillemark cremig schlagen.
[3] 1 TL Orangenschale abreiben und die Orange auspressen. Orangensaft und -schale sowie Quark und Sahne unter die Eiermasse rühren.
[4] Eiweiß steif schlagen, Mehl und Eiweiß abwechselnd unter die Quarkmasse heben.
[5] Löffelbiskuits in einer Plastiktüte mit Hilfe eines Nudelholzes grob zerkleinern.
[6] 10–12 feuerfeste, dünn mit Butter gefettete Formen zuerst mit Löffelbiskuits, danach mit Quarkcreme zu knapp ¾ füllen, die Zwetschgen darauf verteilen und bei 190 °C etwa 20–25 Minuten backen.

VARIANTE *Durch Zugabe von ½ TL Zimt in die Quarkmasse haben Sie eine köstlich winterliche Variante der Zwetschgenaufläufe.*

Mohnkuchen

3 Eier
100 g Zucker
150 g weiche Butter
50 g Puderzucker
150 g gemahlene Haselnüsse
150 g gemahlener Mohn
Etwas Butter für die Form
2 EL Aprikosenkonfitüre

[1] Eier trennen und die Eiweiße mit dem Zucker steif schlagen.
[2] Eigelb, Butter und Puderzucker schaumig schlagen, Haselnüsse und Mohn unter die Eigelbmasse heben, zum Schluss Eiweißmasse unterheben.
[3] 8–10 dünn mit Butter eingefettete, feuerfeste Formen mit der Masse zu knapp ¾ füllen und bei 180 °C etwa 20–25 Minuten backen.
[4] Aprikosenkonfitüre erhitzen, durch ein Sieb streichen und Gebäck damit aprikotieren.

TIPP *Das Gebäck kann sehr gut zu Prosecco oder Zitronen- bzw. Limettensorbet gereicht werden.*

Portugiesische Törtchen mit Vanillecreme

300 ml Milch	Mark von 2 Vanilleschoten
250 ml Sahne	1 P Filoteig, Fertigprodukt
30 g Stärke	Etwas Butter für den Teig und die Formen
1 Ei	
30 g Zucker	Etwas Puderzucker zum Bestäuben

[1] Milch, Sahne, Stärke, Ei, Zucker und Vanillemark unter ständigem Rühren mit einem Schneebesen aufkochen, Creme erkalten lassen und kalt stellen.

[2] Filoteig dünn mit zerlassener Butter bepinseln und in Quadrate von 12 × 12 cm schneiden.

[3] Ein Muffinblech mit 12 Mulden mit Butter einfetten, pro Mulde 3 Teigblätter sternförmig übereinander legen und die Vanillecreme hineinfüllen.

[4] Bei 200 °C etwa 15 Minuten backen, dann auskühlen lassen und mit Puderzucker bestäuben.

TIPP *Machen Sie es wie in traditionellen Lissabonner Cafés: Dort werden diese Törtchen mit starkem Kaffee gereicht.*

Sandkuchen

200 g Butter
150 g Zucker
Mark von 1 Vanilleschote
4 Eier
125 g Mehl

125 g Speisestärke
1 P Backpulver
Etwas Butter für die Formen
Etwas Puderzucker zum Bestäuben

[1] Aus Butter, Zucker, Vanillemark, Eiern, Mehl, Speisestärke und Backpulver eine Rührmasse herstellen.
[1] 10–12 feuerfeste, gefettete Formen zügig mit der Rührmasse zu knapp ¾ füllen und bei 180 °C etwa 20–25 Minuten backen.
[1] Gebäck nach dem Abkühlen mit Puderzucker bestäuben.

TIPP *Zu diesem Gebäck passt schwarzer Tee mit Sahne und Kandis, wie er in Ostfriesland angeboten wird.*

Schneller Butterkuchen

200 ml Sahne
300 g Zucker
1 Pr Salz
4 Eier
250 g Mehl

½ TL abgeriebene Zitronenschale
300 g Mandelblättchen
1 P Backpulver
125 g Butter
4 EL Milch

[1] Aus Sahne, der Hälfte des Zuckers, Salz, Eiern, Mehl, Zitronenschale, 100 g Mandelblättchen und Backpulver eine Rührmasse herstellen und auf ein mit Backpapier belegtes Blech streichen. Bei 180 °C etwa 15–20 Minuten backen.
[2] Butter schmelzen, Milch und die restlichen Mandelblättchen unterrühren.
[3] Den Guss gleichmäßig auf dem vorgebackenen Kuchen verteilen und nochmals bei 180 °C 10 Minuten backen.
[4] Den abgekühlten Kuchen in Dreiecke mit 3 cm Kantenlänge schneiden und jeweils 2–3 Stücke in 10–12 Gläser verteilen.

VARIANTE *Diese traditionelle Rezept bekommt einen besonderen Akzent, wenn Sie frische Ananasstückchen in die Gläser setzen und den Kuchen mit Sahne verzieren.*

Schwarzwälder Biskuittörtchen

1 Glas Schattenmorellen, 350 g Abtropfgewicht
2 Eier
2 EL Wasser
100 g Zucker
2 P Vanillezucker
50 g Mehl
25 g Speisestärke
2 EL Kakaopulver
6 TL Kirschwasser
1 TL Stärke
100 ml Sahne
Schokoladenraspeln zum Verzieren

[1] Schattenmorellen durch ein Sieb abgießen, dabei den Saft auffangen. Die Kirschen in 10–12 feuerfeste, nicht gefettete Formen verteilen, dabei für jede Form eine Frucht beiseite legen.
[2] Eier, Wasser, Zucker und 1 P Vanillezucker zu einer weißen Schaummasse schlagen. Mehl, Speisestärke und Kakaopulver mischen und unter die Schaummasse heben.
[3] Die Formen mit der Biskuitmasse knapp zur Hälfte füllen und bei 180 °C etwa 12–15 Minuten backen, dann abkühlen lassen.
[4] Gebäck mit etwa ½ TL Kirschwasser pro Törtchen beträufeln.
[5] 150 ml des aufgefangenen Kirschsaftes, Stärke und 1 P Vanillezucker unter ständigem Rühren einmal aufkochen lassen und mit einem Pinsel auf das Gebäck streichen.
[6] Sahne steif schlagen und die Törtchen mit Sahnetuff, Schattenmorelle und Schokoladenraspeln verzieren.

Walnusskuchen

120 g Walnüsse
Etwas Butter für die Formen
125 g Butter
100 g Zucker
2 Eier
7 EL Milch

200 g Mehl
1 P Backpulver
Schale von ½ Zitrone
4 EL Walnussöl
Etwas Puderzucker zum Bestäuben

[1] Die Walnüsse in einer Pfanne ohne Fett anrösten und fein mahlen. 8–10 feuerfeste Formen einfetten und üppig mit gemahlenen Walnüssen ausstreuen.

[2] Aus Butter, Zucker, Eiern, Milch, Mehl, den restlichen gemahlenen Walnüssen, Backpulver, abgeriebener Zitronenschale und Walnussöl eine Rührmasse herstellen.

[3] Die Rührmasse in die Formen füllen und bei 180 °C etwa 20–25 Minuten backen.

[4] Nach dem Backen die Walnusskuchen mit Puderzucker bestäuben.

VARIANTE *Die Walnusskuchen können auch auf einen Teller gestürzt und mit Vanilleeis serviert werden.*
Oder Sie servieren die Walnusskuchen lauwarm in der Form und setzen diese neben einer Kugel Walnusseis auf einen Teller.

Register

Ananas-Kokos-Kuchen 52
Apfelnester 54
Apfeltraum mit karamellisierten Mandeln 14
Aprikosen-Ingwer-Creme 16
Bananen, gratinierte 34
Basler Kirschauflauf 58
Biskuittörtchen, Schwarzwälder 82
Brombeer-Trifle mit Sherrycreme 18
Butterkuchen, schneller 80
Creme Ariane 22
Cupcakes mit Cassis und Baiser 60
Erdbeer-Kefir-Smoothie 24
Espresso-Panna-Cotta 26
Espressotörtchen 62
Fruchtsalat mit Papaya 28
Geschichtetes Granatapfeldessert 32
Gewürzkuchen mit heißem Ingwer-Kirschsud und Sahne 64
Granatapfeldessert, geschichtetes 32
Gratinierte Bananen 34
Käsekuchen, klassischer 66
Kirschauflauf, Basler 58
Klassischer Käsekuchen 66
Mandelcreme mit Fruchtsoße 26
Mangoquark mit Pistazien 38
Marzipanschnecken 68
Miniatur-Zwetschgenaufläufe 70
Mohnkuchen 74
Portugiesische Törtchen mit Vanillecreme 76
Rote Grütze mit halbgeschlagener Sahne 40
Sandkuchen 78
Schneller Butterkuchen 80
Schokoladenmousse 42
Schwarzwälder Biskuittörtchen 82
Walnusskuchen 84
Zitronencreme 44
Zwetschgenaufläufe, Miniatur- 70
Zwetschgentraum 48

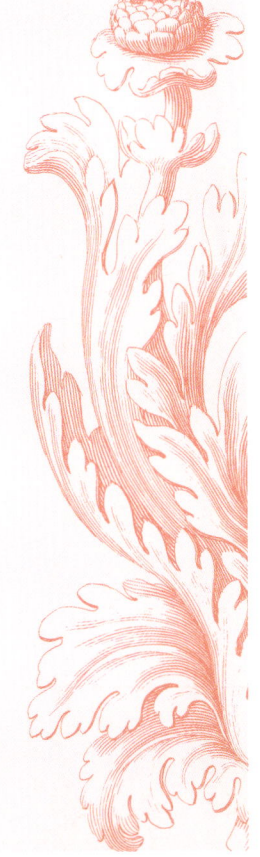

Dank

Vielen Dank an Martin Schröder für die wunderschönen Fotografien und Daniela Naumann für die Buchidee; die Zusammenarbeit mit beiden hat mir großen Spaß gemacht.
Dem Porzellan-Fachgeschäft Dinkel in Tübingen (www.dinkel-porzellan.de) gilt ebenso mein Dank für ausgeliehene Geschirrteile wie der „Kaffeetafel", aus der ich Geschirr, Besteck und Tischschmuck entnehmen konnte.

Zur Autorin

Seit zwanzig Jahren arbeitet Stefanie Knorr im hauswirtschaftlichen Bereich. Nach einer Ausbildung zur Hauswirtschaftlichen Betriebsleiterin leitete sie lange Zeit verschiedene Großküchen und die Ausbildung von Hauswirtschafterinnen und hauswirtschaftstechnischen Helferinnen. Mittlerweile arbeitet sie als Technische Lehrerin im Schuldienst in den Bereichen Nahrungszubereitung, Servierkunde, Textilarbeit und Werken.